바람의 언덕

瑞熙 이명희 시집

중문

시인의 말

지금까지 살아오면서 잘 살아왔는지 묻는다면 나는 무어라 대답을 해야 할 것인가, 나 자신에게 부끄럽지 않은 삶을 살아 왔는지 뒤돌아보게 된다.

 다른 사람들은 60평생을 살아오면서 어떻게
  살아왔을까,
 무슨 생각과 가치관을 가지고 무엇을 추구하면서
  살아왔을까
 내 모든 것을 다 걸고 살아온 인생의 남은 것은
  무엇인가

난 가진 것도 자랑할 것도 없다. 가진 것 없이 왔으니 빈손으로 갈 것인데도 지금도 가지려고 서로 경쟁하며 치열하게 싸워온 전쟁터에 살고 있다. 총성은 여전히 들리고 화염이 자욱하다 지금까지 돈 벌고 싶어 공부보다 취직을 했고, 여러 직업을 가지는 동안 방황도 해보았고 자동차를 여러 번 바꾸면서 명품으로 내 부족한 부분을 감추어 보았지만 늘 허전한 마음은 왜일까?

전쟁 중에 있는 나는 그 전쟁터에서 도망 나오려고 뛰쳐나와도 벗어나지 못하고 있다. 세상은 온통 불바다 전쟁터인 것을 상처 입은 가슴을 두 손으로 감싸 안으며 신음을 해도 옆 동지들은 더 아픈 모습이다. 이러한 인생을 시작한 목적은 무엇인가, 나의 선택으로 태어나지 않는 인생이지만 60이 되니 자식들에게 인생스토리를 이야기해 주고 싶다. 많은 시행착오를 겪은 것을 인생의 화폭에 담아 본다. 을사년을 맞이하여 모든 분들이 질주하는 한해가 되시길 바라면서 ……

2025년 1월 1일

이명희 드림

목차

시인의 말 _ 3

제1부 _ 바람의 언덕

바람의 언덕 _ 12
세상은 _ 13
종일 비 _ 15
홍 서방 _ 16
각북 가는 길 _ 17
고추잠자리 인생 _ 18
8월의 형석 _ 20
나의 입김 _ 21
꽃잎 _ 22
소나무 _ 23
상록수 _ 24
내가 기다리는 사랑 _ 25
김해 가는 길 _ 26

봉곡 소 _ 27
비오는 날 _ 28
할미꽃 _ 29
목단 _ 30
심부름 _ 31
알프스 향 _ 32

제2부 _ 상림하숙의 봄

능소화 _ 34
4월 벚꽃 _ 35
상림하숙의 봄 _ 36
5월의 정원에서 _ 38
6월의 파란장미 _ 39
가을비 _ 40
가을에 떠난 친구에게 _ 41
개구리 마음 _ 42

도연의 꽃 _ 43
어머니 _ 44
아버지 _ 45
부부 _ 47
은지 _ 48
아빠의 소망 _ 49
홍매화 _ 50
태양 _ 51
동기 _ 52
잠자는 숲속의 공주 _ 53
바람 따라 가버린 친구 _ 54
벚나무 _ 55
행복한 그대 _ 56
꽃이 지고나면 _ 57

제3부 _ 소망

고양이 _ 60

정원 _ 61

호접란 _ 63

기찻길 _ 64

하양 지하철 _ 65

나팔꽃 _ 66

고니 섬으로 가는 길 _ 67

소망 _ 69

그리움 _ 70

사랑하여 예까지 왔어요 _ 71

장미꽃 _ 72

코스모스 _ 73

이제 알았다 _ 74

기다림 _ 75

감 홍시 _ 76

길목에 서서 _ 77

풀벌레 _ 78
매화꽃 길 _ 79
비오는 날 _ 80
공기처럼 _ 81
시낭송 _ 82
떠나도 함께 _ 83

제4부 _ 나는 누구인가

사랑 _ 86
먹구름 _ 87
나는 누구인가 _ 88
낙원 _ 89
코로나19 _ 90
봄비 _ 91
행복으로 가는 길 _ 92
어두운 밤 _ 93

벚꽃 _ 94

생명수 _ 95

때가 왔나 봐 _ 96

노아의 방주 _ 97

별 하나 _ 98

겨울 지나고 _ 99

꿈 _ 100

부귀 _ 101

욥의 고백 _ 102

예레미아 _ 103

용서 _ 104

【 평론 】

바람의 언덕을 내달리며 살아 온 인생 _ 105

... 설준원

제 1 부

바람의 언덕

바람의 언덕

지난 밤 파도는 조약돌에 부딪히며 사랑하고
낮에는 소나무 그늘아래 바위와 사랑하고
이렇게 헤어지고는 또 찾아 온 몽돌바다에서
아직도 밤낮으로 파도와 사랑을 해 본다
오늘도 바람 불고 비까지 뿌리니
잊으려 해도 다시 찾아온 보람이 있다

바람의 언덕에서
소리 내어 울부짖는 바람소리에 귀 기울여
당신이 어디에서 오는지
언덕에서 새 노래 부르며 기다려 본다
파도소리 잠재우며
다가오는 또 다른 음성이 들린다

그 기서 나와라

세상은

누구나 품속에 있는 세상
파란하늘에 구름이 둥둥 떠 있는 오후
따스한 햇살 담벼락에 붙어
삶은 감자 입에 물고
밀치기 하며 놀던 친구들
갈대밭 거닐며 꿈을 가졌네

찌든 세상 겪으며 이겨내려고
꿈을 키운 어린 내 마음에
그 이름들 하나하나 불러보며
안간힘 써보았지만
살다보니 헛것인가
파란하늘 들풀도 보이지 않네

비우고 또 비우니
어느 날 새 세상이 있음을 알게 되어
힘겨운 진흙탕에서 걸어 나와
하늘을 쳐다보니

구름이 있고 풀들이 보여
아름다운 것이 내 곁에 있네

종일 비

아침에 눈을 떠보니
나를 기다리고 있구나
바쁘게 돌아다니며
우산 안에서 너를 불러 본다

집으로 돌아오는 길에
내 주위를 맴돌며
나에게 속삭이는 소리
종일 부르는 노래 무슨 생각 하고 있나

홍 서방

너를 만난 것은
우연일까 숙명일까
사랑 보따리는 두터워져 얼은 눈까지 다 녹이듯
따스한 지난세월이 짧게만 느껴져
좋은 느낌 또 되새기고 싶어
다시 만나도 그저 행복하고 기쁨이다

파고드는 찬바람 겨울도
열대야의 뜨거운 바람보다
그 느낌 그대로 도연과 우연처럼 만나서
용광로의 불길만큼 타 오르는 사랑으로
밀고 당기며 삶의 수레바퀴 타고
아름다운 사랑의 동산을 향하여

각북 가는 길

헐티재 단풍 속으로 달리고 있으니
오색으로 물든 이파리들이
손짓 하는데 나도 따라 해 본다
돌아오지 않을 님 에게
먼발치에서만 지나쳐 오는 발걸음
등산객 물끄러미 쳐다만 본다

그토록 오랫동안 울고 있었나
난 지금도 그 자리에서 머물고
쓸쓸히 주저앉아 있네
이별하고도 기다렸나 보다
숨어있는 사랑이 칠년이 지나도록
올해 단풍에도 물들고 있다

고추잠자리 인생

고추잠자리들 유희 끝없는 날개 짓
부패한 세상 소리 없는 아우성
벼이삭 비시시 눈을 뜨고
바람결 날개만 파닥거리며
먼 하늘 쳐다보고
시원한 바람에 그저 머물고 있다

총소리 없는 전쟁터 피해가지 못하고
논두렁 맴돌며 한 세월 춤추다
지쳐 쓰러지는 인생살이
어이할 꼬 어이할 꼬
이대로 한세상 끝낼 것인가
새 세상 오는지도 모른 채

바람 따라 순응하며
꿈 쫓아가며 하늘 높이 날개 짓으로
뭉게구름 오색무지개 자연과 어울려
빛나는 순간을 노래하며

아름다운 그곳 찾아 날아가리
새 생명 새 세상이 있는 곳으로

8월의 형석

매화향기 그윽한 저녁 무렵
졸고 있는 은지 깨워
달콤한 사랑을 주었네
꽃잎에 맺힌 맑은 이슬들
하얀 사랑에 콩닥거리게 하네

그때 일 생각하면
지금도 터질 듯
그 향기 달콤한 사랑이었네
하얀 마음 언제나 변치 않길
누가 이런 날을 만들었을 까

나의 입김

화사했던 너의 미소가
쓸쓸하게 변해버린 너를 보니
노오란 꽃잎에 검버섯이 피어나고
꽃잎이 하나 둘 떨어지고
화려한 그때의 그 모습들을
기억을 되돌릴 수 있을까

보고 싶다
그때의 너의 미소
힘없이 쳐져가는 날개 잎에
다시 피어날까 불어본다
이파리가 흔들리며 좋아라한다
생기를 되찾는 새로운 꽃잎을 기다리며

꽃잎

벚꽃이 만발한 어둑한 그날
시샘하는 봄바람을 맞으며
그냥 걸었다
나를 감싸 준답시고
꽃잎을 날리며
너는 그냥 그대로 있어
내가 다해 줄게

그님은
꽃비를 뿌리며
환한 별빛타고
내게로 달려와 나를 안네
오늘 밤도 기다려진다
별 하나, 별 둘
하늘만 바라보며
그님이 언제 오시려나

소나무

사시사철 푸른빛으로
곧은 마음과 휘어지며 배려하는 마음은
변함없는 너의 모습
황충에게 갉아 먹혀 썩어 한 귀퉁이 변해도
아침 햇살에 바친 산 증인이다

방향을 틀어 휘어지며
빛이 있는 곳으로 향하는 너의 모습은
무엇을 말하려는지
비바람 몰아쳐도 흐트러지지 않는 너는
아름답고 영롱한 세상이 있음을 알게 한다

상록수

운동장 한 귀퉁이에 서 있는 넌
푸른 옷 입고 어서 오라고
멀리서 손짓 하네
어릴 때 푸른 티셔츠입고
청군 이겨라 하며 응원했던 운동회 날
언제나 그 자리는 김밥 먹던 내 자리

풀색 저고리 입고 너울너울 춤추며
맴도는 너는 숨죽여 우는 간절한 날이라도
나에게 즐기듯 자리를 내어주는 넌
나에게 꼭 필요한 존재라고
또 다른 날들을 약속해보며
푸른 잎 너를 보러 또 올거다

내가 기다리는 사랑

누가 아름다움을 말 하였는가
난 여태껏 시간도 모르면서
기차를 기다리며 서성이고 있었다

잠시라도 눈 돌리면
놓칠 것 같아
속절없이 기다리는 동안

어딘가 맑고 순결한 말소리가
나의 빈자리에 스며드니 순간 온 몸이 떨리며
얼어붙은 입술이 봄눈 녹듯이 굴러 간다

처음으로 느껴 본 전율이 스치는 것은
사랑이라고 하는 가
깊은 그 음성은 내가 약속한 사랑이다

김해 가는 길

물방울 또르르 차창 밖을 두드리더니
어느새 굵은 빗줄기가 여름 흉내 내며 쏟아진다

도경이랑 함께 김해로 떠나는 길 위에 뽀송뽀송 버들가지
여린 봄 처녀 가슴 설렌다

저것 봐 너무 예쁘지
휙휙 지나는 고속도로 위 노란 개나리 손짓도 까르르

영산휴게소에 들러 소풍 나온 어린애처럼
우동 충무김밥 핫바 감자로 군것질하며
끝없이 쏟아내는 수다소리

기념품 코너에서 들꽃 닮은 부로치 두 개 사서
너 하나 나하나 가슴에 달고
그리고 우리는 김해로 달린다

봉곡 소

불타고 남은 나뭇가지 사이
파릇파릇 새싹들

안개 자욱한 시골마을
쑥이랑 냉이 캐러 도경과 친구들

밤새 천사들이 씨를 뿌리고 갔을까
엉덩이를 실룩거리며 쑥이랑 냉이 따라 가네

쑥국 향이 주방에 가득 채우며 어린 쑥 전 부쳐
젓가락 달그락 소리에 개 눈 감추듯 사라지네

비 오는 날

하얀 박 꽃 친구 되어
그곳에 내 마음 옮겨 놓고
비 오는 소리 정겹구나

빗물에 꽃잎 젖어
어둠을 환히 비추니
하얀 도화지에 인생 그려 보네

할미꽃

신비로운 자연의 색으로 수놓고는
부끄러운지 길목에 서서
고개 숙여 얼굴 붉히네

하늘하늘
여린 모가지 흰 깃털은
바람에 나부끼며 나를 부르네

소녀시절 떠 올리며
충성스런 모습으로 가슴도 함께 뛰며
어디든지 따라 가볼 가나

목단

아름다운 그대
햇살에 그대 핑크빛
겨우내 숨겨둔 채
봄이 오면
이파리 초록으로 기다림을 이겨내고
핑크빛 꽃봉오리

햇살에 비친 그대
자태 뽐내며
한 송이 두 송이 세 송이
아름답다고 말하면
그대는 하늘을 향해
푸~~ 한숨 내 뿜네

심부름

노란봉투 전하고 오라는 심부름에
옆 사람에게 편지를 전하고 왔던 난
그날 저녁 지게 작대기로 맞았다
돈 봉투인줄 몰랐다
식구들은 숨소리도 내지 못하고
고함소리에 사시나무 떨면서 살았다

지금은 하늘나라 갔다
천년 만년 사실듯하더니 어디로 가셨다
지게작대기로 때리시던 아부지
호통 치던 모습 그립습니다
개나리 진달래 피면 오시려나
흰 눈이 소복이 쌓이면 오시려나

발자국소리 호통 치는 소리
지금도 저 산 너머 울려 퍼진다

알프스 향

알프스 향이 가득한 초록 물감들이
끝없이 펼쳐진 구비길
돌고 돌아 긴 터널 지나간다

이아침 먼 산 아래 가득 내려온 안개
하얀 눈송이 그윽한 밤꽃향기
이슬 비 되어 내린다

알프스 향 가득한 작은 마을
희노애락 풀피리 불어
뻐꾸기 노래 소리 들려온다

제 2부

상림하숙의 봄

능소화

주홍빛 나팔 불어 본다
암흑시대 알리는 소리
잠자고 있어도 들리는
요란스런 이야기들
니느웨이에 요나가 왔는가

집집마다 피어나
뚝뚝 떨어져 짓밟히고
빗물에 떠내려 가는 구나
주홍빛 꽃들 다시 피어나 온 세상으로 향 하는가

아~~
서럽고 긴 여정 기나긴 겨울날
이 파리 조차도 숨어 버렸나
영영 오지 못하는 곳으로 가버리는가
주홍빛 땅속 깊이 뿌리 내리고
유월에는 너의 꽃잎 다시 보리라

4월 벚꽃

봄은 벚꽃님들 패션쇼
너나 모두 벚꽃님들 보느라
넋을 잃고 가슴 설레설레

봄은 벚꽃님들 뽐내는 축제
너나 모두 벚꽃님들 축제 보느라
무거운 짐들 버리고 살랑살랑

봄은 벚꽃님들 화려한 외출
너나 모두 벚꽃님들 눈 맞춤 하느라
눈물도 고통도 아픔도 씻어 지네

상림하숙의 봄

겨우내 움츠렸던 새내기 반기네
가지에는 파릇파릇
싹은 뾰족뾰족
라일락 봉오리들은
나도 있는데 연분홍 입술로
새내기를 보며 삐죽이 내밀고
부시시 눈 뜬다

달콤한 향기 풍기며
활짝 피어나
언제 자색 빛으로 웃으려나
철쭉은 새 포름하게
새콤한 풋사랑으로 가슴속 스미고
이웃 복사꽃도 덩달아
핑크 물결로 요동치네

상림하숙에서는
지글지글 뽀글뽀글

요리경연대회 소리로
아침을 알리며
봄노래 시작 한다

5월의 정원에서

라일락 향기 그득한
그날 저녁은 와인 나누며
풀어헤친 세월의 보따리로
한 밤 지새우니 새벽되어
하얀 향기 내 품으며
온 세상을 얻은 듯 입 꼬리 올리며 웃었다

사랑하고 사랑하여
천 년을 하루 같은 시간을 가지며
늘 떠날 채비만하는
나의 발길을 멈추게 하여
아직도 그 자리에서 맴돌고
여기 서 있다 그날을 위해

6월의 파란장미

신비로움이 가득한
어느 여름날
파란 향기 나는 그 웃음은
순박한 눈빛에
사랑을 느껴
사랑하는 사람으로 보인다

파란 불꽃은
나의 마음을 더 붙잡아
돌아서지 못하게 하여
잠시라도 함께 하고파
날 보고 손짓 하니
함께 살아야 하는 운명인가 보다

가을비

높고 푸른 하늘이 구름에 가리 워
만지기라도 할 듯
낮아진 하늘 사이로
물방울들이 흩날리어
손으로 받아 보니
그대의 눈물인가
세상풍파 다 견디어 내어도
끝없이 밀려오는 고통신음 인가
오늘도 구치소로 향하는 발걸음 무겁기만 한데
비조차도 흐느끼는 듯 소리 없이 내려오네

가을에 떠난 친구에게

잔잔한 음악이 흐르는
찻집에서 너는 멀리 간다고 하는데
실감나지 않아서
잘 가라고 손을 흔들었지
늘 곁에만 있으리라
진한 포옹한번 못했는데
진짜 멀리 가버렸네
떠나고 난 그 빈자리가
너무나 허전해서
이름 불러보지만
손을 뻗어 빈자리 만져보지만
빈자리에 너의 온기만 있을 뿐이네
그제야 눈물이 핑돌아
진짜로 멀리 가는 거네
늘 그 자리에 있으리라
따뜻한 말조차도 제대로
못했는데~~

개구리 마음

저무는 신천은 햇살에 은빛으로
반짝 거리는 물 들풀에 붙어 있는
개구리 알들 새까맣게 꿈틀 거린다

일주일 지나 꼬리 생겨
리본체조를 하며
춤추는 올챙이 이다

보름 후 뒷다리 나오고
앞다리가 보이니
귀여운 개구리다

새끼와 함께 헤엄치는
어미 개구리는
우리 엄마와 같은 마음이다

잘 자라길 바라는 개구리 마음
일주일 후 개골거리는
개구리 되어 새 세상 꿈꾼다

도연의 꽃

사랑이라는 씨를 뿌렸더니
조용조용 피어나는
한줄기 여리고 여린 나물

사랑이라는 물을 주었더니
파릇파릇 돋아나는
한줄기 새싹 푸르고 푸르러

사랑이라는 빛을 쬐었더니
도란도란 살아나는 도연이
한 송이 장미 고우디 고우다

어머니

천사들이 와서
집을 지어주고
지붕을 올리고
거미줄 같은 전깃줄 벽속으로
창틀을 사르르 사르르

목마르다 천사들이 맛있는 물을
배고프다 천사들이 빵을
예쁜 옷 천사들이 주고 간다
어머니는 만나는 사람들이 모두
천사로 보인다고 노래한다

아버지

넓은 들판 이앙기로 모내기 하시는 무적자
밀짚모자 아래 땀방울 훔치며 미소 짓던 아버지

빨리 일어나라고 호령 하시던 호랑이
5남매 갈치 뼈 발라 주시며 자상하시던 아버지

말없이 학교 오셔서 우리들 공부하는 모습을
복도 창 너머로 바라보시던 근엄한 아버지

내 나이 육십 되어 돌아보니 병상에만 누워 계신
말 대신 눈빛만 보고 돌아오는 길에 눈물을
아버지 고마워요

노란 넥타이에 청바지 베레모
멋진 패셔니스트였던 그 모습은 어디론가 가버리고
늙고 병든 할아버지가 누워 계시네

언제 이렇게 늙어 셨나요
난 아무것도 해드린 것 없고 받기만 하고 살았는데
이제 무엇을 해드려야 하나요

부부

낙엽이 바람결에 이리저리
바스락 바스락
내 모습 같아 서글퍼진다

밥 세끼 먹으면서
둘이서 오손도손 살아가는 것이
참 행복인 것을

혼자서 살아간다는 것은
외로움에 진저리 치지만
낙엽 밟는 소리로 달래 본다

은지

스무 해가 되었던 어느 날
폰으로 들려오는 반성과 성숙된 말들
맺힌 가슴 배어 나온 울음에
곁에 없어 안아 주지 못해
함께 울 수밖에
어느새 새벽을 깨우는 닭 우는 소리가 난다

서러웠던 나의 시절에
초라한 나 자신
주마등처럼 스쳐 북받친 가슴 폭포 되었다
스무 해 동안 참았는지
이제사 봇물 터지니 아픔만큼 성숙되어
깨달음인가

그날은
세상이 어찌 그리 넓어 보이는지
한 걸음 성숙된 마음
더 많이 담아 주시리라

아빠의 소망

남들처럼 영특하다 소리 들으며 자란 나는
예쁜 장미꽃에 비유하며
우리 동네에서는 백설 공주였다
교수되기를 기대하는 아빠의 꿈을 이루려고
오십이 되어도 나 자신을 채찍질 하며
아빠의 꿈 한 번도 잊은 적이 없다

꿈 이루는 날 아빠는
박사 모 쓰고 웃을 준비까지 하였다
그저 지켜볼 수밖에 없었던 아빠는
다시 돌아올 수 있으랴 지난 세월
삼십년 지난 석사모라도 대신해 보아
실상을 다 보여 주지 못했다

홍매화

불꽃처럼 활활 타오르는 열정
단발머리 귀 뒤로 하고 열강을 하던 선생님
겨울 비바람에 메말라 있는 나뭇가지에
가슴 아파하고 상처로 남아 땅속으로
숨어버려 안타까운 나날들
붉은 꽃봉오리 아픔을 이겨내고 피어나는 선생님의 사랑
고마움에 가슴 활짝 열고 수줍은 듯 다가가려 하네

해결할 수 없는 세상사
마음 깊은 곳에 숨어버린 카드 하나하나 펼쳐
속사람을 찾으러 길을 나선다
봄볕에 활짝 피어나는 꽃봉오리
붉은 빛깔 내 모습 찾아
아름다운 인생길
내 키보다 더 큰 나뭇가지 바라보네

태양

눈을 마주치면 가슴 뛰는
태양같이 밝은 사람 그대를 사랑하오

내 마음을 훔쳐간 사람
못 믿을 사람
나는 눈을 감아버려요

말과 행동이 다른 사람
그늘 같은 사람
눈을 감아 버려요

바람결에 갈대
시시각각 변하는 사람
눈을 감아 버려요

항상 내 곁에 머무는
봄의 전령사 그대를 사랑하오

동기

전화하면 이유 없이 나와 주는 친구와
생고기 한 접시 소주 한잔에
지난일은 추억으로 밤새 이야기 나누러
팔공산 기슭에서 신선노름 하며
한때는 여유롭게 살아가는 친구들
그런 친구와 함께 있으면 행복이다

어느새 육십 나이에
벌써 한 친구가 낙엽 되어 떠나가고
동기모임에 보이지 않으니
하늘나라 어디에 동기들이 모여 있을까
모여 소주 한잔 하고 있을까
이제는 무슨 낙으로 살까

잠자는 숲속의 공주

능수버들 가지 춤추는 물가
복사꽃 만발한 초원
끝없이 달려도 푸르른 그곳
갈고리 손으로 풀을 뜯으며
어머니는 울고 있다

혼자 살아가기 무서워
참고 참았던 수모들
바보처럼 머리에 꽃 꽂아
인내하고 인내하며 끝이 오리라
들판에 새싹들 어루만지며 하늘을 본다

세상에 홀로 남는 것이 무서워
가끔은 노래 부르며
잠시 모든 것을 잊어버려
홀로 남는다는 것을 안다
새 세상 만나면 꿈이 깨려나

바람 따라 가버린 친구

푸르른 이파리들이 무성하여
산으로 들로 함께 어울려
부딪히며 소란스러운 아우성은
오늘도 뜻 없이 떠드는 친구들
바람이 지나가면 더 큰 소리로 깔깔 거린다

하나 둘 어디로 떠나가는지
부딪히며 욕을 해도 늘 그곳에 있을 줄 알았건만
이름 모를 별이 되었을까
총총히 빛나는 별빛에게 물어보지만
가슴 한 조각에 묻어두라고 한다

벚나무

새 세상임을 알리는 그대
살랑 이는 꽃잎은 봄바람 일으키며
눈길 따라 끌려가며
발걸음 멈추어 갈 길을 잃게 한다

잡으려 하니
부드러운 그대 숨결
가녀린 손길로 간지럽혀
내 마음 마저 빼앗아 간다

봄의 전령사답게
한 올 한 올 벗어 던지며
온 세상 환하게 봄을 뿌리는 것은
새 세상 왔음에 축제가 열린다

행복한 그대

넓은 이파리 푸르름
망울진 꽃망울 가슴을 뛰게 합니다
새 각시 마음 사로잡아
담 너머 훌쩍 커버린 자태
내일이면 만나줄까
감 추인 모습 기다림에 애타는 마음
시샘하는 노란 개나리 진달래
내 곁에

꽃이 지고나면

너를 만난 그날 설레 임으로
너를 바라보는 그리움으로
너를 못 본다고 생각할 사이도 없이
캄캄한 밤에 대문 앞에 쓰러져 있었다
너는 가버렸구나
아무도 한 치 앞을 모른다고 하더니
너마저도 그렇게 가버렸구나
아니 내가 너를 질질 끌어다
언덕 위에 던져 버렸구나
이제 꽃피어야 할 계절인데
너를 더욱 아쉬워하라고
너를 더욱 그리워하라고
그렇게 맥없이 쓰러져 버렸구나
꽃이 지고 나면
꽃이 피는 계절을
기다리는 소망
능소화 거목은 이제 볼 수가 없다

제3부

소망

고양이

야옹 야옹
철로에서 조금은 떨어졌지만
불안스러운 곳에서 울어대는
고양이 두 마리
궁금해 다가가니 슬금슬금 거리를 둔다
사는 것이 힘든 것인 가

오라고 손짓 하니
둘이는 서로 얼굴을 비비며 의논했는지
꼬리를 살랑이며
다음에 보자는 듯이
나에게 살며시 볼을 내밀고는 풀 섶으로 사라진다
무얼까 또 궁금하다

정원

봄의 전령사들이
뾰쪽이 내 민 망울들이
기차 지날 때마다 놀라
키 큰 벚꽃들이 기지개 켠다

곁에 있는 매화꽃은
순위에 밀리지 않으려고
저마다 아우성거리며
꽃망울 터뜨린다

넓적한 얼굴로
봄빛 내미는 사철나무는
가지위에 눈꽃송이 피어난
매화를 가리킨다

때마침 지나가는 무궁화 기차
덜커덩거리며 응답하고
솟대는 겨우내 버티며 봄소식 전하려

매화 꽃 피기를 기다리다
긴 목이 되었나 보다

호접란

순백이
하얀 마음 순백
첫 눈 내리는 날
그냥 함께 걷고 싶다
길바닥에 낙엽이 나 뒹굴어
가을이 깊었나 보다
포장마차에 붕어빵대신
꽃들이 나를 반기네
노란국화, 하얀 백합, 안개꽃
이유 없이 꽃을 사준다든 순백
눈송이 호접란을
내손에 쥐어주고는
눈송이 되어라 이쁜아
호접란에 물 줄때면
순백의 숨결이 따스한 향기 되어
엄마 품속처럼 고향 같구나
첫눈이 내리면
하얀 호접란, 순백이다.

기찻길

벚꽃 만발한 봄날
흩날리는 머리카락 꽃잎 서로 흥겹게 왈츠

기적소리 요란하게 울리면
꽃잎들도 이리저리 춤을 추고

하얀 구름 노니는 기찻길
두 팔 벌려 거닐던 그곳이 그립다

하양 지하철

폭풍이 밀려오고 거센 비바람이 불어오는
경일대 돌아오는 길 저편에 지하철 공사장 보이네

끝없이 넓은 저 대지 위에 달리는 기찻길
하양으로 향하는 지하철 역사가 보이네

안심역에서 하양까지 지상철이 달리면
푸른 하늘도 바람도 소성되어 나르리

나팔꽃

짙은 어둠이 드리운 곳에서
볼그스레한 얼굴을 내밀며
세상 더러움에서 이겼노라하며
밝게 웃음을 던진다

보이지 않는 깊은 진흙에
묻힌 발 꼼지락 거리며
두 팔을 벌려 새 하늘 향해
듣는 이 없어도 외쳐본다

새 아침 이슬 머금으며
커다란 연잎이 흔들려도
아랑곳 않고 가슴 쓸어안고는
새 노래 부르고 있다

고니 섬으로 가는 길

통 통 통
하얀 베레모 선장은
큰 배를 몰아도 부족하지 않을 정도로
품위가 있어 보인다
꿈을 실은 통통배는 파도를 가르며
고니 섬으로 향한다

춤추는 파도에
몸을 싣고 가는 중에
여기저기에서 낚시꾼들이
긴바늘로 낚시 대를 드리우니
세상 끝 모습이다

낚시 대 건져 올리니
찌든 세상에 벗어나
은빛 고기가
눈부신 햇살에 비치니
반짝인 내 마음 깨운다

바다는 부패한 세상이다
한시라도 그 기서 나오자

소망

아롱아롱
앙상한 나뭇가지 사이로
눈부신 햇살 함께
추억어린 그림이 아른 거리네
누구일까
아픔도 미움도
영롱한 무지개 되어
아픔은 치유되고
미움은 사랑으로
고운 님 승화되어
큰 글씨로 써내려가는 붓 길 따라 가네
칠색 햇살은 천사되어
나를 보고 손짓 하네
사랑해, 기다려달라고
너무 사랑한다고
내 마음에 늘 님이 계시듯
님의 마음에도 오붓이
나의 자리가 마련되어 있게 하소서

그리움

그리워 애태우며
살아온 세월
언덕 넘어 님 오실까

먼지 날리며 달려오는 버스
차창 속에 님의 모습 비칠까
길게 목 빼고 덜커덩 바람소리에
화들짝 놀라 창문 쳐다보면
하얀 안개 속 그림자
님의 모습일까

터벅터벅 고개 숙여
걸어오는 님의 모습
아른 아른
버선발로 뛰어 나가보면
님의 모습은
그리움으로 눈물 적시네
사랑하므로

사랑하여 예까지 왔어요

당신을 사랑하여
깊은 골짜기가 있어도 큰 강이 가로 막아도
멀고 먼 길 돌아서 예까지 왔어요

제주도 세계 일주를
당신과 함께라면 어디라도 날아가고 싶어요
함께 이 땅에 있다는 것조차 행복하여
당신을 영원토록 돌보고 싶어요

아무런 조건도 없이
사랑하여 예까지 왔어요

장미꽃

이슬 머금고 피어난 빠알간 장미
겨우내 추위 이겨내고
마른 가지에 물감 부었네
땅속에서 무슨 말을 했을까
요란한 기차 소리에도
세상에 꽃피워 아름다운 생각하며 피어났겠지

진드기 벌레들이
이파리에 찰싹 붙여 괴롭혀도
빨간 향은 천리만리 퍼져가네
이기고 또 이겨내리라
세상을 아름답게
꽃피우리라

코스모스

갈대 숲 우거진 풀숲
여기저기 핀 코스모스
연지곤지 찍고 시집가는 구나
얼마나 기다렸을까

어두운 흙속에서
까만 씨 비밀 간직한 채
빨강 노랑 하얀 색동저고리 입고
황금빛 들판에 조화롭게 색깔 맞게
살랑살랑 춤추며 님 마중 하느냐

이제 알았다

당신은 여자 난 남자
하루에 열 번이라도 확인하는 여자
한 번했으면 그만이라고 생각하는 남자
여자와 남자의 차이 이제 알았다

따뜻한 물 먹어도
차갑게 느낀 당신 마음 모르고
왜 딴소리인지를 이제 알았다

이제 예쁜 꽃들을
당신 주위에 꽂아두고
향기 맡을 수 있는 아름다운 삶의 순간을
함께 숨 쉬며 살아가자

같은 시대에 있어도
서로 다르게 살아온 것을 이제 알았다

기다림

세월이 가도
변치 않는 뚝배기 같은 당신
어찌 미워할 수 있을까요
버럭 소리 지르고는 어쩔 줄 모르는 당신
어떻게 사랑하지 않을 수 있을까요

하루에도 몇 번씩 나를 버리듯
당신 없이 살 수 있다고 다짐해놓고
당신이 부르면 냅다 달려가는 철부지 소녀
오늘도 사랑한다는 톡이 오기를 기다리며
당신을 사랑하지 않을 수 있을까요

감 홍시

빨간 향기가
파아란 하늘과 맞닿아
가지마다 손 흔들며 가을을 부르네
가을날 익어가는 감 홍시
하늘하늘 속이 다 보이도록 웃고 있는 모습에
하얀 구름은 왜 그리 쓸쓸해 보일까

비우면 채워지고
채워지면 비워야 하는 마음 닮아
이파리들은 뚝뚝 눈물처럼 떨어지는 구나
이제 겨울이 오는 구나
속으로 스미는 냉냉한 바람
무엇으로 녹여 볼까

길목에 서서

혼자 걸었네
그림자처럼 따라다니는
달 빛 따라 그대 발자국
달 빛 따라 따라오는
그림자도 님 일까

되돌아보면 또 그곳에
항상 머물러 나를 지키고 있네
달빛이 밝은 걸까
님의 그림자가 어두운걸까
님은 그곳에 머물고 있네

풀벌레

답답하구나
산에 가서 소리라도 지르면
시원 할까
세상 사람들이 모두 싫구나
어디 내 마음 같을까
혼자 사는 세상도 아닌데
누가 나를 알아줄까
어두운 밤 풀벌레 소리가
내 마음 아는지
슬피 우는 구나

매화꽃 길

가녀린 허리에 하얀 리본을
살포시 매어
길 다란 검은 머리 쓸어 넘기네
잘룩한 허리 잡아 코끝으로 당겨본다
바람 불면 뚝하고 잘릴 듯 한 종아리
휘청거리며 일렁일렁 거린다

어여쁜 여인이여
깜빡이는 눈망울에 금방이라도 톡 터질 듯한
꽃봉오리 같은 입술
꽃 수술들 수줍은 듯 꽃 이파리 속으로 고개 숙이고
도란도란 옛 이야기 속삭인다

그리워 설레는 봄의 여인이여
햇살 가득한 뜰에
하얀 드레스 나폴 거리며
수줍어 고개 떨구어 무슨 생각에 잠기었을까

비오는 날

홍초 맑은 물
섞인 유리 바닷가에
선한 사람 물 마시러 나왔네
비 내리니 목말랐던 꽃들
두 손 모아 기도하니
간절한 마음 하늘에 닿았네
빗물 강이 되고 바다로 흘러들어가니
바다 속 물고기들 파닥 춤을 추니
그물에 잡혀 세상 구경하네
비 내리는 세상 만물 살아나니
새 생명 파릇 돋아나
새 세상 나라 새 민족 되네

공기처럼

보이지 않아도 느낄 수 있어요
바람에 나부끼는 손길
알 수 있어요
무화과 나뭇잎 떨어지는 계절을 느낄 수 있어요
계절 따라 꽃잎 색깔
변하는 것을 알 수 있어요
무지개 저 언덕에
약속한 그날을 기다리고 있어요

시낭송

시는 눕혀 놓으면
아무도 그 시를 알지 못 한다
시를 일으켜 세우고
청량한 목소리를 넣으면
꿈틀거리기도 춤추게도 한다

시를 일으켜 세워 걷게 하고
흥에 맞는 목소리로
옷을 입히고
혼을 불어 넣으면
감동의 영화 한 편을 보게 한다

떠나도 함께

떠나야 할 그 시간
근데 난 기다리고 있다
발걸음 떨어지지 않아
밤이 새도록 기다리고 섰다

가버린 열차 꽁무니만 바라보며
오지 않을 것이라고 알면서도
떠나지 못하고 머뭇거리는 것은
이 지구에 함께 있다는 것이다

제4부

나는 누구인가

사랑

닭이 울기 전에 피어난 꽃봉오리
아침이슬 맞으며
꽃이 피어 나네
이파리가 무성한 것만
바라보다가
꽃이 피어나는 것을 보지 못하지만
숨어있는 꽃
아침이면 활짝 미소지어며
나를 반기네
꽃 한 송이 피어나며
눈 비비며 또 피어나네
사랑한다고 말하면
또 피어나는 꽃 한 송이
예쁜 모습으로
단장하고 님을 기다리네

먹구름

남쪽 하늘은 먹구름으로 칠해져 있고
다른 하늘도 회색빛으로 칠해져
무엇인지 알지 못하게 하네
죄와 허물을 숨겨 주려고 하는 가

사방의 바람을 붙잡고 있을 때
해 돋는 곳 밝은 새 하늘 향하여
오늘하루도 반성하고 자신을 돌아보며
앞만 보고 산으로 뛰어가자

나는 누구인가

혼신을 다하며 살아온 나날들
그렇게 가지려하며 놓치지 않으려고
내 삶은 도외시하고 남을 위해 살아왔건만
온힘을 다해 살아 온 것이
지금 이 모습이 전부인가
이제 나를 찾으러 보지만 나는 어디서 왔는가
오늘만큼은 나의 위치를 찾고 싶다

난 정녕 누구인가
나 자신을 얼마나 사랑했을까
열린 마음으로 지치고 외로울 때
안아주고 용기 얻는 느낌은
빛난 주석 같은 진실을 얻을 때
등불을 밝히는 역사가 있으니
오늘만큼은 그것을 찾고 싶다

낙원

금수강산 아름다운
세계의 중심 유일한 나라
알곡 심을 때 비를 내려주시고
고추 말릴 때 강한 햇빛을 주시고
풀잎 이슬 머금고 아침햇살 반짝이는
행복이 가득한 나라 좋은 나라

더우면 에어컨 추우면 가스보일러
부족한 것 없는 풍부한 나라
백성 심정 적당히 긁어주는 민주국가
국민청원 있고 범죄 없는 나라
우리나라 대한민국
하나님이 보우하신 나라 좋은 나라

코로나19

바이러스와 함께한 기나긴 겨울
우리들 사랑 시샘하는 가
꽃봉오리 붉게 피어오르는 봄날에
하얀 마스크 물결이 넘실거린다

보랏빛 향기 머금은 라일락
길가에 가로수마다 피어나는 벚꽃잔치에
백합화 화려한 페스티발도
비바람에 꽃잎마저 눈물 흘린다

목단 분홍 옷 차려입고
연산 홍 철쭉 치마저고리 고름 고름
오월의 장미 붉게 피어나 춤을 추어도
어인 일인지 구슬픈 곡조 부른다

온 세상 하얀 마스크 벗지 못하고
이대로 영영 닫혀 진 문이 될까
하늘이여하늘이여
아름다운 세상 열어 주소서

봄비

겨울인가
봄인가
목도리 휘날리며 찬바람 불어오니 겨울 같기도 하고
그대 따스한 빗소리 들으니 봄이기도 하고

꽃봉오리 살짝 만지려 하면
발그레한 볼에 입맞춤 하네

손 내밀어 내게 흩날리어 안아보니
따스한 입김으로 다가서는 그대는 봄비

행복으로 가는 길

눈을 가리고
귀를 막고
행복으로 가는 길에 손잡아 이끄소서

바람이 부는 데로
꽃향기 따라
행복으로 가는 길에 손잡아 이끄소서

어두운 밤

네온사인 불빛은 길거리에서 헤매고
리듬에 맞춰 미친 듯 춤추는 영혼들은
달콤한 유혹에 갈 곳 잃어
이 한밤에 정처 없이 뱅글뱅글 돌아다니네

너도 한잔 나도 한잔
술에 취하고 영혼도 취하니
휘청휘청 또 하루가 버리는 인생 되어
어두운 밤으로 덮여 지네

잔잔한 호숫가에 내 영혼 내려놓고
생명수 흐르는 물 한 모금 적셔
너와 나 모여 앉아 어두운 밤 이겨내며
새아침 새날을 기다리자

벚꽃

하늘의 뜻일까
회개의 눈물인가
때를 전하고는 내리는 봄비에
눈꽃 되어 더러운 세상을 덮어 주네

세상을 씻어주는 봄비
때를 알려주고 이제 가야만 하는 길목임을
그대는 아는 가
산등성이 오르면 열린 세상이 보이네

새 이파리 파릇한 속살은
빗물에 씻긴 나무 선민 되어
봄이 오는 소리 듣고
새 세상이 왔음을 알려 주네

생명수

눈을 아껴라
더러운 것을 보지 못하도록 감아버려라
귀를 아껴라
악한 말들은 듣지 못하도록 귀를 닫아라
코를 아껴라
악취가 나거든 코를 막고 도망가라
더러움을 치우다가 나또한 더러워질까 두려우니
견디지 말고 소리도 내지 말고 도망가라

자신이 더러움도 모른 자
악하고 악취가 나는 자
더러움을 알아도 씻으려고 하지 않는 자
씻어주려 하면 소리 지르며 오히려 할퀴려고
너를 상하게 할 것이다
그래도 새 세상이 있음을 알리는 자는
더러움과 악취를 감내하고 이기는 자가 되어
생명수로 깨끗이 씻어 주게 되리

때가 왔나 봐

<u>또르르</u>
<u>또르르</u>

새벽을 깨우는
실로폰 소리에
겨우내 잠에서 깨어나
봄이 왔다고 소식전하는 개구리

논바닥에 고인
빗물 속 헤집고
동그랗게 이리저리 헤엄치며
옛 친구들 찾으러 다닌다

칼바람에 맞서 내린 봄비는
목마른 풀잎을 적셔 주곤
비 따라 내린 소식은
이제 때가 왔나 보다

노아의 방주

사람을 택하여 세상만물을 다스리라
세상일이 바쁘다고 도망 다니고
능력이 없다고 핑계해도
피할 수 없는 숙명 같은 사명
배를 만들어 너는 세상에 외치고 구원하라
미친 노아여 모두들 비웃어도 나는 또 외치리라

사람들이 비웃어도
노아는 배 만드는 일에 열중하고
맑은 하늘 계속되어도
노아의 가족들은 믿고 배에 타고
동물들도 다 타니 사람들은 비웃었지만
믿을 수 없는 40일간 비로 대 홍수가 일어났다

별 하나

무더운 여름날 밤은 고요하고
별 하나 갈길 몰라 이리저리 헤매며
아랫동네 개짓는 소리 구슬프구나
사랑받기 위해 태어난 사람
차라리 태어나지 말았으면 좋았을 것을
사람들은 말을 하지만
세상에 태어난 자체만으로 축복이고
살아야할 이유 인 것을 우리는 아는 가

꽃 피우기도 전에 존재조차 없는데
사랑받기 위해 태어난 사람
우리는 존재하고 울음으로
나의 살아있음을 알린다
울어보지도 못하고
태어나지도 못하고
이슬처럼 사라지는 존재도 여기에
별 하나 저산 너머로 떨어진다

겨울 지나고

화분에 심어놓은 다년초
추운 비바람에도 잘 견딜 거라고
마당에 놓아두었다

꽁꽁 얼었다 녹았다가
비바람 불어도
끄덕 없는 줄 알았다

햇빛이 나올 때마다
양지 바른 곳에 새싹들이 뽀족이 보이더니
봄은 왔는데 이파리 다 말라 버렸다

다 말라버린 이파리 뽑아 버려야지 하고는
새하얗게 뿌리내린 다년초
화들짝 놀라 다시 심었다

눈에 보이는 것보다
눈에 보이지 않는 것이
더 귀하고 귀하다

꿈

어릴 적 백마 타고 오시는 왕자님 기다리며
언덕 저편 무지개 찾아 나선다
황소 등에 이가리 올리고 보리 풀피리 불며
두 팔 베게 삼아 꿈속을 나선다
나는 내 갈 길을 가고 황소는 황소 길을 걸어온 이곳
다시 그 꿈속으로 길을 떠나고 싶다

긴 터널
끝도 보이지 않는 이길
단달 봉사 되어 더듬더듬 걸어본다
가다가 벽이 부딪히면 쉬어 가고
비가 오면 목이라도 축여 본다
쉬엄쉬엄 걷다보니 아른 거리는 길
참고 인내하며 걸어본다

긴 터널을 지나 빛이 보이는 그곳에
생명의 열매 달디 달다

부귀

꽃 중의 신
겨우내 숨겨둔 채
봄 되면 핑크 빛으로
초록으로 가난을 이겨내고
햇살에 눈부시게
승리한 모란

향기 자랑 않는 넌
승리의 꽃봉오리
자태 뽐내며
하늘 드높이
새 노래 부르며
새 봄이 왔음을

욥의 고백

당신은 나의 모든 것
당신이 나를 힘들게 하여도
당신은 나를 사랑합니다
온전히 당신을 사랑한다는 것을
당신을 믿었기에
당신은 나를 믿었습니다
비바람치고 태풍이 불어와도
두렵지 않습니다
내 온몸을 상하게 하여도
근심걱정 없습니다
내 모든 것을 다 빼앗아 간다 해도
아깝지 않습니다
당신은 나를 온전히 채워 주시리라 믿습니다

예레미야

두 가지 씨를 뿌렸습니다
하나는 하나님 씨
하나는 사단의 씨
세상 끝에는 하나님은 추수할 때가 있다고 했습니다
당신의 약속은 틀림없습니다
하나님의 씨로 난 것은 곳간으로
사단의 씨는 단을 묶어 불사른다고 하셨지요

지금은 마지막 때
좁은 길로 가야할 때
낙타가 바늘귀를 통과하는 것보다
더 어렵고 힘든 길이 천국 가는 길이라지요
덧입고 거듭나고
예수님의 피 십자가 보혈로 깨끗이 씻어
흰 두루마기 갈아입고
당신과 결혼할 준비 하겠습니다

용서

고귀한 아름다움 지닌 너를
용서 하지 못하고 지샌 밤
별똥별 따라 길을 나선 다
까만 밤에 그려진 얼굴
꼬깃꼬깃 접어 날아가
부메랑으로 내 가슴에 안긴 다

어제의 나
오늘의 나
둘이 화해하는 날
꽃향기보다 더 진한 향기로 취하고
와인보다 더 독한 술에 취해버린다
그리고 사랑 한다

【 평론 】

바람의 언덕을 내달리며 살아 온 인생

설 준 원*

　누구에게나 눈부시게 화려한 꽃들로 피어나서 인생을 아름답게 승화되길 원하지 않는 사람은 없을 것이다. 자신의 마음에 담은 따뜻한 사랑을 간직하며 좋은 인연으로 더불어 살며 한편의 드라마 보다 더 드라마틱한 일상 슬픔도 아름답게 표현되기를 바랄 것이다. 그러기위해서는 나는 어디서 왔는가, 나는 누구인가, 나는 어디로 갈 것인가? 등 한 번쯤은 고민을 했을 것이다.
　瑞熙 이명희 시인도 삶이 우리를 힘들게 하고 방황하는 마음의 안정을 찾고자 하는 이 부분에 꽤나 고민하고 노력한 흔적이 보인다. 가족, 친구 등 사랑하는 사람들과의 관계는 삶의 의미를 깊게 해주는 역할임을 인식하게 되면 서로의 삶을 공유하고 감정을 나누는 과정에서 우리의 삶에 있

---
* 교육학 박사, 시 평론가, 대구문협 감사, 설총문화연구원장

어서 진정한 의미를 발견할 수 깨닫게 된다. 그래서 瑞熙시인은 급성장한 현대사회에서 잘 적응하려고, 자신도 모르게 많은 사람들에게 상처를 주고 상처를 받기도하는 인간 본성에 더욱 공부를 한 부분이 돋보인다.

심리학 석사(경북대)의 실력을 갖춘 瑞熙시인에게는 인간 행동을 심리학적 관점에서 좀 더 깊이 들여다보면서 창조주의 사랑을 체험하고 그 바탕으로 문제점을 해결하려 했다. 한사람의 행동이나 성향을 이해하기 위해서는 그 사람이 속한 문화나 환경, 그리고 상황에 대한 이해가 필요하다. 瑞熙시인의 작품 속에는 그런 이해도가 담긴 심리학자다운 면모가 보인다.

개인의 목표와 꿈을 추구하는 과정에서 삶의 의미가 발견 하듯이 자신이 중요하게 생각하는 가치를 실현할 수 있는 목표를 설정하고 이를 향해 나아가는 과정은 개인에게 큰 동기부여가 될 수 있다. 누구나 새로운 경험을 통해 자신을 발견하고 성장하는 과정은 중요한 의미를 가진다. 다양한 도전과 학습은 개인의 인격을 발전시키고 이를 통해 더욱 풍부한 삶을 누릴 수 있다.

「봄꽃」,「소나무」 등 瑞熙시인의 작품에서 보면, 인간은 다면체적 존재임을 가지게 된다. 생명은 죽음의 씨앗을 가지고 태어났다고들 한다. 그래서 인간은 생명의 나이와 죽음의 나이는 서로 상호 연관이 있어 인간의 생명도 죽음의 생명과 함께 시작된 것으로 볼 수 있다. 그러면 반비례일까, 비례일까? 대개는 반비례 관계로 볼 것이다. 죽음은 또 다른 세계로의 진입이다. 육의 세상에 잠시 소풍 왔다가 영의 세계로 긴 여행가는 치유와 개인적 성장을 위한 단계로 인식되므로 생명과 죽음의 관계는 비례로 볼 수 있다. 「봄꽃」, 「소나무」 시에서 독자들에게 생명력 공감각적 형성을 지니며 정신적 성장을 가중시키는 감정을 가진다.

> 당신은 나를 사랑했다
> 나의 몸짓 나의 말투 모두 좋아했다
>
> 당신은 나의 무관심에도
> 나에게 따뜻한 표정으로 다가왔다
>
> 나의 거짓말 가식도
> 나를 이해하고 밝은 웃음으로 대해 주었다
>
> 봄이 되면 활짝 웃는 당신은
> 생명의 근원으로 믿는다
>
> [봄꽃의 시 전문]

시공간을 뛰어 넘는 작가의 상상력과 지혜는 독자에게 기쁨을 더해 준다. 봄에 핀 꽃들에게 보내는 시적 화자의 마음은 봄날의 새싹처럼 어린 동심으로 돌아가 아름다운 사랑을 가꾸며 메말라 비틀어진 내슬픈 영혼을 달래고 있다. 「봄꽃」은 생명을 창조하는 상징으로 자신의 못난 모습을 솔직하게 표현하면서 살아 온 딜레마와 인간적인 책임에 대해 생각할 기회를 던져 주고 있다. 생명의 근원으로 믿는다는 것은 자연과 인간의 조화로운 삶을 선택하면서 "생명의 꽃"으로 볼 수 있다.

이 시는 단순한 디스토피아를 넘어, 독자들의 선택에 대한 메시지를 알려주어 잘잘못 과정이 설득력 있게 그려져 독자들의 공감을 얻게 한다. 「봄꽃」은 우리들의 삶 속에 다가오는 모든 경우의 수를 체험한 듯, 상상력을 바탕으로 '생명의 꽃'임을 시사하고 있다.

> 사시사철 푸르른 이파리
> 곧고 휘어진 것은 누구의 배려인가
> 아름답게 붉은빛 영롱하게 빛나는 소나무
> 변함없이 푸르른 넌
> 상처 많은 깊고 긴 주름은 인내 인가
>
> 송충이에게 긁어도
> 태풍에 가지가 꺾어 한 귀퉁이 변해도
> 빛이 있는 곳으로 향하며
> 다시 휘어져 곧은 마음으로 지키는 넌
> 말없이 정절 지키며 사랑을 말하는 가
>
> [소나무 시 전문]

「소나무」 시를 보면, 나는 누구인가, 나는 어디서 왔는가? 등 존재의 본질을 탐구해보려는 명제를 떠 올리게 하면서 시인의 섬세하고 철학적인 인품을 알 수 있다. 세상풍파에도 곧은 마음으로 변함없이 지켜 나가는 인생의 알파와 오메가를 지표로 삼고 종교의 의지하고 있다.

1연에서 인간들의 마음의 안정을 소나무에 비유하며 진정한 인생의 지표임에 대한 관계성을 말하고 있다. 곧고 휘어진 것은 누구의 배려이겠는 가, 세상 모든 풍파가 우리를 흔들고 세상 근심 걱정들이 자신을 누르고 세상 권세가 나의 앞길 막을 때 옆길로 비켜 서주고, 약한 마음 낙심하게 될 때 곧은 마음으로 지켜주기 위한 소나무의 배려가 아니겠는가? 그런 너는 아름답고 빛나며 변함이 없는 자신을 말한다. 그러기 위해 자신의 상처를 숨길 수 없는 것이 나무줄기의 깊은 주름이다. 소나무들의 아픔과 상처를 가시화하고 있는데 아마도 여인들의 아픔을 들여다보는 확산적 사고이다.

2연의 '송충이는 나에게 상처를 내는 나쁜 사람들, 즉 마귀 세상에 있는 부류를 말하고 태풍은 외부의 영향으로 자신을 곤경에 빠뜨리는 원인들인데 그런 환경에서도 빛을 찾아가는 곧은 성격을 지닌 시적 화자의 인고의 시간들을 감내한 모습을 담고 있다. 화려하고 뽐내는 이미지보다 상처받고 그 고난을 견디는 여인상을 그려내며 상처를 씻어내는 공감각적 이미지로 각성한 언어 미학이 돋보인다. 이 시에서 시인이 대상으로 관찰한 소나무는 인생 역경을 이겨낸 여인상 이미지를 지니고 있다. 황량한 들판에서 곡식 이삭을 주우며 병든 지아비를 케어하면서 어린 자식을 거두어 보살피던 전통 여인의 한을 배경으로 철학적 재해석 관점의 시로 볼 수 있다.

또한 「이제 알았다」 시를 보면, 남·녀 간의 사랑은 오랜 전통으로 내려 온 관습으로 아름답지만 위험한 관계일 수도 있다. 일부일처제 관습에 따르지 않고 넘치는 욕망으로 인해 가끔은 파열음이 일어난다. 그래서 인지 瑞熙 시인은 풍부한 경험을 한 것으로 보인다. 이미 몸과 마음이 녹아내린 상태로 지질하고 절망적인 인생 속에서 어떤 경험을 바탕으로 특별한 여행을 선택하여 달까지 가자고 외치는 사람처럼 통달한 자로 보인다.

당신은 여자 난 남자
하루에 열 번이라도 확인하는 여자
한 번했으면 그만이라고 생각하는 남자
여자와 남자의 차이 이제 알았다

따뜻한 물 먹어도
차갑게 느낀 당신 마음 모르고
왜 딴소리인지를 이제 알았다

이제 예쁜 꽃들을
당신 주위에 꽂아두고

향기 맡을 수 있는 아름다운 삶의 순간을
함께 숨 쉬며 살아가자

같은 시대에 있어도
서로 다르게 살아온 것을 이제 알았다
[이제 알았다 시 전문]

한편으로는, 「바람의 언덕」, 「울음소리」, 「고추잠자리 인생」 등 시 에서는 인간 내면 깊숙이 숨겨져 있는 오묘한 존재를 단순하고 순수한 어린아이 심정으로 인간의 참 진리를 찾아 가게 메시지를 던져 주었다. 그리고는 혼란과 치유의 방법을 종교에 의지하며 스스로 찾으려 했다. 누가복음 18장 7절에 '누구든지 하나님의 나라를 어린 아이와 같이 받들지 않는 자는 결단코 들어가지 못하리라'고 예수님의 말씀처럼 독자들에게 말씀의 가르침을 전해주었다.

지난 밤 파도는 조약돌에 부딪히며 사랑하고
낮에는 소나무 그늘아래 바위와 사랑하고
이렇게 헤어지고는 또 찾아 온 몽돌바다에서
아직도 밤낮으로 파도와 사랑을 해 본다
오늘도 바람 불고 비까지 뿌리니
잊으려 해도 다시 찾아온 보람이 있다

바람의 언덕에서
소리 내어 울부짖는 바람소리에 귀 기울여
당신이 어디에서 오는지 언덕에서

새 노래 부르며 기다려 본다
파도소리 잠재우며 다가오는
또 다른 음성이 들린다 그 기서 나와라
[바람의 언덕의 시 전문]

    이 시는 자칫 그리운 사랑으로 이해하기 쉬울 것이다. 2연에 '새 노래, 거기서 나와' 등 시구를 보면 무언가 가르침에 대한 메시지를 전하려고 한 점은 말씀에 대한 내용을 암시적으로 나타내고 있다. 이사야 11장 9절에 바다는 세상을 뜻하는 것으로 보며 세상 풍파에 스며 든 시적화자의 인생 경험을 이야기 한다. 그러면서 파도에서 헤쳐 나오면서 새 세상이 열리는 곳으로 나오라고 한다. 계시록 18장 4절에 '내 백성아 거기서 나와~'라고 있듯이 세상에서 죄에 참예하지 말고 재앙도 받지 않도록 하는 것을 말하고 있다. 결국 바람의 언덕은 심판 받는 곳이기도 하여 소돔과 고모라 이야기를 연상시키기도 한다.

꼬끼오 꼬끼오
지치지도 않나 봐
새아침이 다가오고 있다는 것을
정적을 깨우는 오늘도
첫 닭 울음 누군가에게 알리는 소리

꼬꼬댁 꼬꼬
울음소리에 기지개 펴니

온 세상이 밝은 빛으로 오고 있다는 것을
　　새 아침에 새 노래
　　사랑하는 사람을 깨우는 외침인가
　　　　　　　　　　　　　[울음소리 시 전문]

　1연에 성경의 닭 이야기는 베드로와 밀접한 관계로서 연약한 믿음에서 든든한 반석의 믿음으로 변한 내용이다. 마태복음 26장74절 '~그 사람을 알지 못하노라 하니 닭이 곧 울더라', 누가복음 22장 34절 '~오늘 닭 울기 전에 네가 세 번 나를 모른다고 부인하리라~' 닭 울기 전 베드로의 부인은 예수님과의 맹세를 지키지 못하는 연약한 모습을 보여 주었다. 당당한 베드로의 모습은 사라지고 세 번이나 부인 했고 나중에는 모른다고 맹세까지 하며 베드로의 믿음의 바닥을 보여주었던 것은 우리들의 연약함을 그대로 드러낸 것이다. 우리도 그런 경험은 없었을 까? 마지막 시구에 '누군가에게 알리는 소리'는 베드로의 행동에 대한 간접적인 시사로 우리들에게 깨달음을 하도록 알리는 소리로 보이는 것은 2연에서 알 수 있다.

　세 번이나 부인한 행동에 크게 뉘우치고 회개한 후, 더욱 믿는 자가 되어 주어진 환경과 상황에 더욱 순종하는 자가 되었다. 예수님께서 끌려가던 중 지나쳐 가시다가 세 번이나 부인한 베드로를 쳐다보신 것은 한심함과 질책 등 진노의 말씀은 아니었다. 누가복음 22장 33절에 '주와 함께라면 감옥이나 죽음도 감수하겠다.'는 베드로의 자신감 넘치는 고백에 대하여 34절에 "베드로야, 내가 너에게 말하노니 오늘 닭이 울기 전에, 네가 나를 안다는 사실을 세 번 부인하리라."고 경고하신 것이다. 베드로는 이 경고의 말씀이 곧 자신이 직면할 현실이 될 거라고는 전혀 생각하지 못하고 자신과는 거리가 먼 말씀이라고 생각했다.

'온 세상이 밝은 빛으로 오고 있다는 것을, 새 아침에 새 노래'의 시구대로 베드로의 회개 후, 자기 사고방식을 전적으로 바꾸고 교만한 이론적 믿음을 버리고 그의 불완전한 사랑과 두려움의 시험을 극복할 수 있었기에 밝은 빛을 볼 수 있고 새 세상에 대한 완성의 하나님의 말씀을 들을 수가 있었던 것이다. '새 노래'는 계시록 14장 3절에 제사장만이 새 노래를 부를 수 있다고 한 것으로 보아, 나라의 완성이 가까이 왔음을 암시하고 '사랑하는 사람을 깨우는 외침인가'에서 '사랑하는 사람'은 마지막 때 주님의 잔치에 초대하고픈 사람을 말하는 것이고, '깨우는 외침인가'에서는 구원의 역사가 시작되었음을 알리는 소식을 간접적으로 암시한 것이다.

「울음소리」 시 제목은 한마디로 새 소식을 알리는 소리이다. 예레미아, 이사야, 히브리서, 계시록 등에서 줄곧 '나팔소리에 귀 기울여라'고 여러 번 경고와 하늘의 음성을 알려 주었는 것으로 보면, 울음소리는 곧 나팔소리로 이해할 수 있다. 瑞熙 시인은 독자들에게 구원의 역사가 시작되었음을 알리고 그 길을 인도할 수 있음을 말하고 싶은 것이다.

성경에서 약속한자가 되기 위해서는 성경대로 살아야 함은 누구나 아는 사실이지만 비유로 감추어져 있어서 그 내용을 알지 못해서 그렇게 살지 못하는 것이다. 하지만 瑞熙 시인이 깨달은 내용을 독자들에게 말하고 있다.

> 들판에 고추잠자리 끝없는 날개 짓
> 하지만 소리 없는 아우성
> 의미 없이 날아다니며 하늘 바라보니
> 이내 피곤한지 그늘에 앉아
> 시원한 바람에 다시 잠든다
>
> 너부러지게 잠든 고추잠자리
> 낙이 없는지 넋 나간 채
> 바람에 날개만 흔들릴 뿐
> 한쪽 날개 손상되어 날아가지 못하니
> 어이할꼬 이대로 한세상 끝나는 것인가
>
> 한량 되어 즐기며 춤만 추다가
> 논두렁 밭두렁 맴돌다 지쳐
> 새 세상 오는지도 모른 채
> 한 세월 보내다 땅에 쓰러져
> 추수 때가 되니 높은 하늘만 쳐다본다
> [고추잠자리 인생 시 전문]

고추잠자리에 비유한 우리들의 인생살이로 표현한 것이다.

1연에 현실에 안주하려는 우리들의 인생을 표현한 것으로 '끝없는 날개 짓'은 매일 먹고 싸고 자고 또 먹고 싸고 자는 우리들의 일상생활이다. 레위기 11장에 날개 짓을 하는 곤충들은 가증하다고 표현되어 있듯이 우리들은 무엇을 찾기 위해 잡으려 했던 꿈은 어디에 있는지 찾으려 해도 찾지 못하고 잊혀 져간 삶의 흔적들만 남아 있다.

　　2연에도 같은 맥락으로 한 번 더 이야기하고 하고 있다. 안식처를 찾으려 수없이 날아다니며 헤매었던 환상은 없어지고 돈과 건강마저 잃어버려 한쪽 날개만 손상된 지금은 진정 꿈의 안식처는 끝내 찾지 못하는 것인가?

　　3연에는 안주하려는 자들의 결말을 말한다. 추수 때 추수되는 자들과 밭에 남는 자들로 구분된다고 마태복음 13장에 설명되어 있다. 추수되지 못한 자들은 세상에 속한 자들이라고 하는데 그것은 천국에 가지 못하고 슬픔과 고통 속에 살게 된다고 볼 수 있다.

　　「고추잠자리 인생」의 시에서 주는 메시지는 지금 이 순간의 선택이 중요하니 안주해서는 안 겠다는 것이다. 그저 주어진 대로 즐기고 편안한 세상이 그들에게는 자신들 기준대로 사는 것이 정상이라고 생각하며, 어쩔 수 없는 환경이란 전제하에 자신들이 숭배하는 신이나 종교인들은 목회자나 자신의 종교리더 지시에 따르고 사람을 따르니 무엇이 범죄 함인지에 대해 무감각하게 되어 참 신앙인이 드물다.

　　瑞熙 시인은 자신이 믿고 구원해주셨다는 분이 이런 말

씀을 하셨고, 그 말씀에 따르지도 않으면 구원을 받을 수 없다는 것을 강조한 것으로 보아 시인의 성경 지식은 어느 정도인지는 모르지만 경지에 있는 것으로 알 수 있다.「때가 왔나 봐」의 시에서 보듯이, 동시 같은 시로 표현한 것은 시인은 어린아이와 같은 마음을 가진 자로 보인다.

<u>또르르</u>
<u>또르르</u>

새벽을 깨우는
실로폰 소리에
겨우내 잠에서 깨어나
봄이 왔다고 소식전하는 개구리

논바닥에 고인
빗물 속 헤집고
동그랗게 이리저리 헤엄치며
옛 친구들 찾으러 다닌다

칼바람에 맞서 내린 봄비는
목마른 풀잎을 적셔 주곤
비 따라 내린 소식은
이제 때가 왔나 보다

[때가 왔나 봐 시 전문]

이 시는 마가복음 10장14절에 '~하나님의 나라를 어린

아이와 같이 받들지 않는 자는 결단코 들어가지 못하리라 하시고'라고 적혀있듯이 하나님의 나라에 들어가려는 자들의 마음가짐이 어린아이같이 순종하고 겸손함을 말씀하신 것이다. 그래서 시인은 이러 마음가짐이 되어야 한다는 것을 모범으로 보여주며 동시에 가까운 시로 표현한 것이다.

    하늘의 뜻일까
    회개의 눈물인가
    때를 전하고는 내리는 봄비에
    눈꽃 되어 더러운 세상을 덮어 주네

    세상을 씻어주는 봄비
    때를 알려주고 이제 가야만 하는 길목임을
    그대는 아는 가
    산등성이 오르면 열린 세상이 보이네

    새 이파리 파릇한 속살은
    빗물에 씻긴 나무 선민 되어
    봄이 오는 소리 듣고
    새 세상이 왔음을 알려 주네
                        [벚꽃 시 전문]

  새 봄을 알려주는 벚꽃은 새 세상이 왔음을 알려준다. 그런데 새 세상은 단순히 계절이 바뀌어 나타내는 뜻이 아니라 다른 의미를 말하고 있다.
    1연의 하늘의 뜻, 회개의 눈물로 표현하고 봄비와 바람에 떨어지는 벚꽃 잎으로 더러운 세상을 덮어 주는 것은 곧 '죄 씻음'을 말한다. 시인은 성경의 대단한 지식을 갖고 있음이 분명하다. 에레미아 4장12절에 '이보다 더 강한 바람이 나를 위하여 오리니 이제 내가 그들에게 심판을 베풀 것이라'라고 있듯이 바람은 심판을 뜻한다. 심판을 하고 난 뒤 벚꽃 잎으로 죄 감추어진 표현이다.

　2연에서 이런 심판이 있고 난 뒤 새로운 세상이 있음을 노래하는 시인은 시온 산으로 오르는 것을 알려 준다. '~종 삼는 나라가 내가 심판하리니 그 후에 저희가 나와서 이곳에서 나를 섬기리라' 사도행전 7장 7절의 말씀대로 이 시에서 그 가르침을 적절하게 말하고 있다.

　이어서 3연은 선민이라는 고귀한 표현을 하며 선택 받은 자들에게 한 번 더 알려준다. 이처럼 시인은 자연과 신과 인간의 조합을 표현하며 궁극의 목적은 영생에 있다는 그 불멸의 탐구정신은 가히 높이 평가할 만하다.

　「바람의 언덕」, 「먹구름」, 「낙원」, 「사랑의 동산」, 「생명수」, 「태양」, 「홍매화」, 「할미꽃」, 「목단」, 「나의 입김」, 「상록수」 등의 시는 창의적인 아이디어와 상상력을 바탕으로 인간다움의 가치를 되새기게 하는 한편, 흥미진진한 플롯과 깊이 있는 캐릭터 묘사로 독자들을 사로잡을 것입니다. 특히 "겨울 지나고"는 인간과 신과의 관계를 미래 사회에 대한 통찰력 있는 비전을 제시하는 수작으로 볼 수 있다.

4부에 있는 20여 편은 인간성의 가치 사이의 균형에 대해 깊이 있는 성찰을 제공한다고 볼 수 있다.

자신을 낮추며 저 높은 곳을 향하는 시인의 자세는 생명수가 있는 곳을 찾으려 하고 지구상에 새롭게 피게 될 생명의 삶에는 살아 움직이는 백신의 힘이 깃든 듯하며, 그 힘으로 온 세상에 가득 퍼져 새로운 세상을 구현하고 있음을 알게 하고 그 순간을 놓치지 말고 자신의 앞에 다가 왔을 때 움켜쥐도록 강렬한 메시지를 독자들에게 전하고자 하는 것을 역력히 보인다. 파우스트는 '신은 악마의 소원을 들어 준다'고 한다. 그것은 두 가지 신의 존재를 모르고 한 말인 것 같다. 하나님의 신과 마귀의 신이 존재하는데 마귀의 신은 인간들에게 달콤한 유혹을 주로하기 때문에 세상은 아직까지 범죄나 전쟁이 지속되어 시끄럽고 복잡한 것이다. 하지만 [바람의 언덕] 시 한 권을 읽게 되면 하나님의 신을 알게 되어 마귀를 물리치는 그에 대한 적절한 대처에 대한 방법을 깨닫게 될 것이다.

瑞熙 이명희 시집
바람의 언덕

2024년 12월 26일 _ 초판인쇄
2025년 1월 1일 _ 초판 1쇄 발행

지은이 _ (瑞熙) 이명희
펴낸이 _ 장의동
펴낸곳 _ 중문출판사
등록번호 _ 1985년 3월 9일 제1-84호
　　　　주소: 대구광역시 중구 봉산문화길 70
　　　　전화: 053) 424-9977
　　　　전자우편: jmpress@daum.net

ISBN _ 978-89-8080-653-9   03810

정가 _ 15,000원

* 이 책의 판권은 저작권자에게 있습니다.
　이 책 내용의 전부 또는 일부를 재사용하려면 저작권자의 동의를 얻어야 합니다.